Vente des 19 et 20 Avril 1875

HOTEL DROUOT, salle n° 4, à une heure précise

ESTAMPES

PORTRAITS, DESSINS

ORNEMENTS

LIVRES D'ARCHITECTURE

ET

OUVRAGES A FIGURES

EXPOSITION PUBLIQUE

LE DIMANCHE 18 AVRIL

De deux heures à cinq heures

M° DELBERGUE-CORMONT

COMMISSAIRE-PRISEUR

8, rue de Provence

M. BAILLIEU

LIBRAIRE

Quai des Grands-Augustins, 43

PARIS — 1875

A partir du 15 Avril, les Livres et Estampes composant la vente seront visibles à la librairie Baillieu.

CATALOGUE

ESTAMPES

ANCIENNES ET MODERNES

PIÈCES HISTORIQUES DE TORTOREL & PERISSIN

PORTRAITS, CARICATURES

LIVRES D'ARCHITECTURE, OUVRAGES A FIGURES

300 DESSINS PAR JULES PEYRE

UN RECUEIL DE DESSINS CALQUES
Par DAVID

RICHE COLLECTION D'ORNEMENTS

DONT LA VENTE AURA LIEU

HOTEL DES COMMISSAIRES - PRISEURS

RUE DROUOT, 5, SALLE N° 4

AU PREMIER ÉTAGE

Les 19 & 20 Avril 1875

A UNE HEURE PRÉCISE

EXPOSITION PUBLIQUE LE DIMANCHE 18 AVRIL

Mᵉ DELBERGUE-CORMONT, Commissaire-Priseur,
rue de Provence, 8,

Assisté de **M. BAILLIEU**, libraire,
43, Quai des Grands-Augustins (près le Pont-Neuf).

PARIS — 1875

ORDRE DE LA VENTE

1er jour, le 19 Avril, du n° 1 au n° 212.

Estampes anciennes et historiques, École du xviiie siècle, Caricatures, Gravures modernes et Lithographies, Portraits.

2e jour, le 20 Avril, du n° 213 à la fin.

Ornements, Dessins, Livres d'Architecture et Ouvrages à figures.

CONDITIONS DE LA VENTE

Au comptant.

Cinq pour cent, en plus des enchères, applicables aux frais.

Lorsque plusieurs estampes ne formant pas une suite se trouvent réunies sous un même numéro, le vendeur se réserve la faculté d'en faire la division.

Le Libraire chargé de la Vente remplira les Commissions des personnes qui ne pourraient y assister.

CATALOGUE

ESTAMPES ANCIENNES

1 **L'Albane** (d'après). La Sainte Famille, gr. par
G. *Chateau*, épreuve avant lettre. — Une autre
Sainte Famille, gr. par *F. Poilly*. — La Vierge
et l'Enfant, d'après Annibal Carrache, gr. par
F. Poilly. — Ensemble 3 p. in-fol.

2 **Aldegrever.** Le Père sévère. — La Lasciveté. —
Couple de danseurs. — 3 p., dont 2 ont des déchirures.

3 **Audran,** d'après *Lesueur*. Alexandre prend la
coupe que lui présente son médecin Philippe,
1 p. gr. in-fol.

4 **C. Blomaert.** Les Mœurs champêtres. 4 p. —
Chasteté de Joseph. 1 p. —Ensemble 5 p.

5 **Colinet,** d'après *Guido Reni*. Courage de Porcie. In-fol. en largeur, grandes marges.

6 **Est. Delaulne.** Sujets de l'Ancien Testament.
16 p. —Frise. 1 p. — Ensemble 17 p.

7 **Durer** (d'après). Les trois Paysans. — Le petit
Cheval. 1505. —Ens. 2 p.

8 — La Vierge et l'enfant Jésus au milieu d'animaux. Au bas on lit: *Albertvs Dvrer almanvs in-*

ventor. S. C. Mis scvlptor Ægid. Sadeler sculpsit.
Très-belle pl. gr. sur cuivre, in-fol.

9 **P. Firens,** à Paris (vers 1610). Animaux et sujets fantastiques. 7 p. in-4.

10 **J. de Gheyn et Z. Dolendo.** La passion de
Jésus-Christ. 14 p. in-8. Émargées.

11 **Hubert Goltzius.** Le Couronnement d'épi-
nes. — La Sortie du tombeau. — 2 belles p. au
monogr. H. G. A° 97.

12 **Holbein,** gr. par *Mechel* en 1790. La Passion
de Jésus-Christ d'après les dessins originaux de J.
Holbein, qui se trouvent à la bibliothèque de la
ville de Basle. 12 p. et le titre gr., plus la gravure de la flagellation, avant toute lettre. 14 p.
in-fol. A toutes marges.

13 **Hollar.** Autumnvs, 1641 (portrait de femme). —
Port. de G. de Ettenhard, 1645. — Titre d'un
livre sur la chasse. — Ensemble 3 p.

14 **Lucas de Leyde.** Adam et Ève. — Homme et
femme assis dans la campagne. — Jeune homme
tenant une tête de mort. — Ensemble 3 p.

15 — Saints et saintes, en pied. 7 p.

16 **Metzu** (d'après), gr. par *Mechel, 1762.* Michel
Nostradamus, assis près d'une table et occupé
à tailler une plume. In-fol.

17 **Metzu** (d'après). La faiseuse de Kouks, imitation
de crayon. 1 p. petit in-fol.

18 **Mitelli.** 1683. Alfabetto in sogno. 25 p. in-fol.

19 — 1675. Le Ventiqvattr'hore dell hvmana felicita.
28 p. in-fol.

20 — 1678. Proverbi figvrati. 43 p. in-fol.

21 — 1684. Caccia giocosa. 18 p. in-fol.

22 — Cosi va il mondo. 6 p. — Le meunier, son fils et l'âne. 6 p. — Vita del Poltrone. 6 p. — Ensemble 18 p. in-fol.

23 — Caricatures: La Compagnia de ruinati. — Les Péchés capitaux. — Un Barbier rase l'autre, etc. — 17 p. in-fol.

24 — 9 estampes satiriques sur les différends de la Turquie avec l'Autriche. 9 p. gd in-fol.

25 **Ostade.** Homme sonnant de la trompe. — Homme à sa fenêtre. — Buveur. — 3 pièces.

26 **Crispin de Pas.** L'ange Gabriel. —La Vierge. 2 p. — Apollo. — Arion. — Amphion. — Orpheus. 4 p. — Ensemble 6 p.

27 **Perelle.** Paysages divers. 56 p.

28 **N. Poussin** (d'après). Rebecca à la fontaine, gr. par *Rousselet*. — Moïse exposé, gr. par *Audran.*— Nymphes et fleuves, gr. par *Bloemaert*. — Satyres, bacchantes et enfants, gr. par *Pool*. — Renaud et Armide, gr. par *Simonneau*. — Ensemble 5 pièces.

29 **Raphaël** (d'après). Galathée, gr. par *Cunego*. —S. Michel, gr. par *Larmessin*. —Ensemble 2 p.

30 **Rembrandt.** Triomphe de Mardochée (Cl. 44). Pl. retouchée au pinceau.

31 — L'Annonciation aux bergers (Cl. 48). Assez bonne épreuve.

32 — Grande Résurrection du Lazare (Cl. 77). Grande pièce en hauteur.

33 — La Fuite en Égypte (Cl. 57), deux épr. — La Fuite en Égypte (Cl. 59), deux épr. — La Cène. — Ensemble 5 p.

34 —Les Disciples d'Emmaüs (Cl. 91), belle épreuve. — Descente de croix (Cl. 87). — La Circoncision (Cl. 51). — Ensemble 3 p.

35 — Le Retour de l'enfant prodigue (Cl. 95). — Jésus-Christ chassant les vendeurs du Temple, 1635, 2e état (Cl. 73). — La Circoncision (Cl. 51). — Ensemble 3 p.

36 — Trois Figures orientales, 1641 (Cl. 120). — Académie d'un homme assis à terre (Cl. 193), deux épr. — Les Baigneurs (Cl. 192). — Un Moissonneur tenant sa faux (pièce douteuse). — Ensemble 5 p.

37 — Vieillard à large barbe, coiffé d'un bonnet de fourrure, en haut à droite Rt. — Charlatan assis tenant sa boîte sur ses genoux. — Un Homme debout, un bâton à la main, coiffé d'une toque à plumes, un manteau à l'espagnole sur les épaules. — Homme assis tenant un bâton (Cl. 148). — Ensemble 4 p.

38 **Rembrandt** (d'après). Jésus-Christ entre deux larrons. — Le Christ en croix. — Ensemble 2 p.

39 — Têtes d'hommes grimaçant. 2 p. formant pendant. — Trois Têtes de vieillards griffonnées. — Paysage avec maisons. — Ensemble 4 p.

40 — Tête d'homme, profil à gauche. — L'Heure de la mort. — Tête d'homme à longs cheveux. — Jésus au milieu des docteurs. — Les Baigneurs. — Ensemble 5 p.

41 — Un Homme à barbe debout devant une table, un autre assis devant, tenant un livre. 1633.—Le Joueur de kolf. — Vieille femme coiffée d'un capuchon, un manteau fourré recouvre ses vêtements. Belle épr.

42 — Un Homme avec un bâton à la main droite. — Trois Buveurs dont deux assis. — Homme assis tenant un enfant près de lui.—Ensemble 3 p.

43 — Le bon Samaritain, belle pièce d'après Rembrandt. In-fol. en largeur.

44 — Le Philosophe en contemplation. — Le Philosophe en méditation, gr. par *Surugue*, 1759, d'après Rembrandt. — Le Ménage du menuisier, gr. par *J. de Roy*. — Ensemble 3 p.

45 — (genre de). Un Homme jeune, lisant debout près d'une fenêtre. P. in-4 sur pap. du Japon.

46 **Salvator Rosa** invenit. Paris, *Poilly*. Hommes d'armes, paysans, etc. Petit in-4, 58 pl. (il en faudrait 60).

47 **Rubens** (d'après), gr. par *Rycmans*. Salvator mvndi.—S. Petrvs.—S. Andreas. —S. Jacobvs. — S. Joannes. — S. Thomas. — S. Jacobvs minor. — S. Philippvs. — S. Bartholomeus. — S. Mathevs.— S. Simon. —S. Jvdas Thadævs.— S. Mathias. — Ensemble 13 p. Petites marges.

48 **Virgile Solis.** Samson et Dalila. — Groupe de chiens. — La Cène. — Conjux Jovis. — Mercurivs. — Lvnã. — Christvs. — Ensemble 8 p.

49 **Tempesta**, Matthiolus, Sadeler. — Paysages, sujets de chasse et de pêche, poissons, etc.—46 p.

50 **Titien**, gravé par *Rousselet*. Jésus descendu

de la croix.— David tenant la tête de Goliath. — Ensemble 2 pl. Belles épr.

51 **M. de Vos** inv., *Sadeler* sculp.—Precatio.—Justitia. — Idolatria. — Concio sacra. — Sapientia. Fiducia. — Majestas. 7 p. — *M. de Vos* inv. *Cr. de Pas* sculp. — Arithmetica. — Dialectica. — Luxuria. —Astronomia. 4 p — Ensemble 11 p.

52 **Adr. de Werdt.** Vie de Jésus-Christ. 8 p. — Ruth et Booz, gr. par *G. de Jode.* 4 pl. — Ensemble 12 p. in-4.

53 **Divers.** Joseph vendu par ses frères, par Marc-Ant. Raimondi. — Jésus devant Pilate, par Penz, de Nuremberg, 1543, et deux autres petites pièces.—Ensemble 4 p.

54 — Le Jugement dernier, planche sur bois en camaïeu, haut. 36 cent. sur 27, avec le monogramme B. F.

55 — Petits Maîtres et autres. 28 pièces.

56 — Les Dieux de l'Olympe. — Jupiter. — Neptvne. — Mercvre. — Vvlcain. — Le Temps, etc. — 19 p.

57 — Festes religievses des douze mois de l'année, texte latin. 12 p.

58 — Une sainte Famille, par Bourdon, gr. par Van Schuppen.—Le Mariage mystique, par Bourdon, gr. par Natalis.—Jésus et la Samaritaine, par Phil. de Champagne, gr. par Edelinck. — Campagnards apportant des fruits à S. Benoit, par Guido Reni, gr. par Fabbri. — Anges, par Cherubino. 2 p.— Ensemble 6 p.

59 — Concert de musique, par le Dominicain, gr.

par *Picart le Romain*. — L'Accouchement de la reine, de Rubens, gr. par *Nattier*. — Charles Ier, par Van Dyck, gr. par *Bonnefoy*. — Ensemble 3 p. in-fol.

ESTAMPES HISTORIQUES

60 **Abr. Bosse.** 1645. Ceremonie observée au contrat de mariage passé à Fontainebleau entre le roi de Pologne Vladislas IV et Louise-Marie de Gonzague, le 25 sept. 1645. In-4 en largeur, petite marge. Pièce gr. à l'eau-forte.

Tortorel et Perissin. 1572, in-fol. en largeur. Planches émargées et contrecollées, légende en allemand (avec traduction manuscrite en français), quelques planches ont été un peu atteintes d'humidité.

61 — Assemblée des trois Estats tenus à Orléans au mois de janvier 1561. 1 pl. gr. sur cuivre.

62 — La Bataille de Sainct Denis donnée la veille St Martin 1567. 1 pl. gr. sur bois.

63 — Bataille de Dreux. — L'Ordonnance des deux armées. — La première Charge ou le connestable fut prins. — La 2e Charge. — La 3e Charge ou le prince de Condé fut prins. — La 4e Charge ou le m^l de St-André fut prins. — La Retraite de la bataille de Dreux, le 19 décembre 1562. 6 pl., quatre gr. sur cuivre, et deux gr. sur bois.

64 — Bataille de Moncontour. — L'Ordonnance des

deux armées. — La déroute du camp des princes, le 3 octobre 1569. — 2 pl. gr. sur cuivre.

65 — Le Colloque tenu à Poissy le 9 septembre 1561. 1 pl. gr. sur cuivre.

66 — La Deffaicte de St-Gilles, en Languedoc, au mois de septembre 1562. 1 pl. gr. sur cuivre.

67 — L'Entreprinse d'Amboise découuerte les 13, 14 et 15 mars 1560. — L'Exécution d'Amboise, faicte le 15 mars 1560. 2 pl. gr. sur bois.

68 — L'Entreprinse de Bourges en Berry descouverte sur ceux de la religion, le 21 décemb. 1569. 1 pl. gr. sur bois.

69 — L'Exécution du sr Jean Poltrot dict du Meray, à Paris, le 18 mars 1563. 1 pl. gr. sur bois.

70 — Massacre faict à Cahors en Quercy le 19 novembre 1561. 1 pl. gr. sur bois.

71 — Massacre fait à Nismes en Languedoc le 1er d'octobre 1567, en la nuict. 1 pl. gr. sur cuivre.

72 — Le Massacre fait à Sens par la populace, au mois d'avril 1570. 1 pl. gr. sur cuivre.

73 — Le Massacre fait à Tours au mois de juillet 1562. 1 pl. gr. sur bois.

74 — Le Massacre fait à Vassy, 1562. 1 pl. sur cuivre.

75 — La Mercuriale tenue aux Augustins, à Paris, le 10 de juing 1559, ou le roy fut en personne. 1 pl. gr. sur cuivre.

76 — Orléans assiégé au mois de janvier 1563. 1 pl. gr. sur cuivre.

77 — La Paix faicte en l'ile aux Bœufs, près Orléans, le 13 mars 1563. 1 pl. gr. sur cuivre.

78 — **Poytiers** assiégé par les princes le 24 de juillet et tout août jusques au 7 septembre 1559. 1 pl. gr. sur cuivre.

79 — La Prinse de Valence en Dauphiné, ou fut tué le s^r de la Motte Gondrin, le 25 avril 1562. 1 pl. gr. sur cuivre.

80 — La rencontre des deux armées françoises entre Coignac et Chasteauneuf le 13 mars 1569. 2 pl., l'une gr. sur cuivre et l'autre gr. sur bois.

81 — La Rencontre des deux armées françoises à Cougnac, près Gannat, le 6 janvier 1568. 1 pl. gr. sur bois.

82 — La Rencontre des deux armées à Laroche en Lymosin, ou le sieur Strossy fut prins le 15 juing 1569. 1 pl. gr. sur cuivre.

83 — Sainct Jean d'Angely assiégé par le roy Charles IX, le 14 octobre jusques au 2 décembre 1569. 1 pl. gr. sur bois.

84 — Surprinse de la ville de Nismes, 1569. 1 pl. gr. sur cuivre.

85 — La Ville de Chartres assiégée et battue par le prince de Condé, au mois de mars 1568. 1 pl. gr. sur cuivre.

86 **Watteau.** Louis XIV mettant le cordon bleu à M. de Bourgogne, père de Louis XV, roy de France régnant, *gr. par de Larmessin.* 1 p.

ÉCOLE DU XVIII° SIÈCLE

87 **L. Boilly.** Honny soit qui mal y pense, gravé à l'aqua-tinta par *Bonnefoy*, *1792*. In-fol.

88 **Bouchardon.** Etudes prises dans le bas peuple, ou les cris de Paris, par Bouchardon. Paris, Fessard, 1737-1740. — 19 p. in-4 émargées et montées.

89 **Boucher** (d'après). De trois choses en ferez-vous une? — Elle mord à la grappe, d'après Boucher. Très-belles épreuves sans marges. — 2 p.

90 **Cochin et Bichet**. Paysages. 25 p. petit format.

91 **Coypel**. Aventures de don Quichotte de la Manche, gravées par *Surugue, Joullain* et autres. 19 p. in-4.

92 — Aventures de don Quichotte de la Manche, gr. par *Surugue et autres*. 10 p. in-4.

93 **Daudet**, d'après *Eisen*. Le bouquet. — *De Marcenay*, d'après *Lebrun*. L'amour fixé. — Ensemble 2 p.

94 **Daumont**. Sujets gracieux. 20 sujets sur 10 p.

95 **Debucourt**, d'après *C. Vernet*. Cuirassier français. 1 p.

96 **Divers**. Halte d'officiers. — Le Peintre flamand. — Le petit Fermier. — La petite Fermière. — 4 fort belles pièces de diverses grandeurs, sans marges.

97 **Eisen.** Concert méchanique, inventé par R. Richard, exposé à la bibliothèque du roi, 1769, gr. par *de Longueil*. 1 p.

98 **Eisen et Marillèr.** Vignettes et culs-de-lampe, la plupart de tirage à part, très-belles épreuves. 49 p.

99 — Vignettes et culs-de-lampe. 35 p. divers formats.

100 — Vignettes et culs-de-lampe. 37 p. tirées sur grand format.

101 **Greuze** (d'après). L'Ecolier distrait. — La jeune Fille distraite. — 2 p. in-fol., bonnes épreuves sans marges.

102 **Hogarth.** Gr. par *Rupenhausen*. — Nigth. — Evening. 2 pièces in-fol. en hauteur.

103 — gr. par *Rupenhausen*. Strolling actresses dressing in a barn, in-fol. en largeur.

104 **C. Hvtin**, 1764. Cinq eaux-fortes, sujets religeux. In-8. Grandes marges.

105 **Jeaurat.** Le Transport de filles de joye à l'hopital, gr. par *Levasseur*. P. in-fol. en largeur.

106 **Launay.** Les Regrets mérités, d'après *Gérard*. — L'heureuse Fécondité, d'après *Fragonard*. — Le Mariage conclu, d'après *Borel*. — Ensemble 3 p.

107 **Le Bas,** d'après Chantreau. Rue d'un camp. — Distribution de fourrage au sec. — 2 **p.**

108 **Lautherbourg.** Soldats. Paris, Lenfant. 6 p. in-8.

109 **Mauclerc** d'après *Smith*. Credulous lady and

astrologes. 1 p. en *couleur* in-4, ovale en largeur.

110 **Moreau** (d'après). La Déclaration de gros-sesse, gr. par Martini, 1776. — C'est un fils, Mon-sieur, gr. par Baquoy. — La petite Toilette, gr. par Martini. — Le petit Lever, 1776, d'après Moreau le jeune. — 4 pièces magnifiques d'épreuve, mais émargées.

111 — J'en accepte l'heureux présage, gr. par *Trière*. 1 p.

112 **Freudeberg** (d'après). L'Horoscope accompli, gr. par *Ponce*. — Les Epoux curieux, gr. par le même. — 2 p.

113 — Le petit Jour, gr. par *de Launay*. 1 p.

114 **Pater.** Deux Scènes du roman comique, gr. par *Lepicié et Jeaurat*. 2 p. in-fol. en largeur.

115 **Pièces** en couleur. Le Souvenir, gr. par Marye, grandes marges. — Jeune Femme réflé-chissant, p. émargée, et une autre pièce. — Ensemble 3 p. ovales.

116 — The ruined girl, (une femme pleurant, cos-tume Louis XVI). In-fol. *Jolie pièce en couleur.*

117 **Queverdo**, gr. par *Basan*. L'Amour qui pleure. — La Pensée de l'amour. — L'Amour lançant une flèche. — 3 p.

118 — gr. par *Patas*. Le dangereux Modèle. — La Fille surprise. — 2 p. in-fol. en *couleur.*

119 **Rizzi.** Ciarlatano francese. — Ciarlatano te-desco. — 2 p. in-4.

120 **Ville.** L'Ecrivain public, gr. par *Guttemberg*.
In-fol.

121 **Voisard.** L'Innocence inspire la tendresse,
d'après *Aubry*. — La Sultane infidèle, d'après
Lebrun. — 2 p.

———

122 **Décadaire** des hommes utiles au peuple
français. Ce calendrier contient les saisons, avec
les décades et les mois; les saints de chaque jour
sont remplacés par les victimes de la tyrannie,
martyrs de la liberté, les législateurs, ora-
teurs, tragiques, comiques, etc. — Au bas
on voit des citoyennes et des enfants, puis
un soldat et un patriote. In-fol. Pièce rare

123 **Leroy.** Déclaration des droits de l'homme et
du citoyen, in-fol. Pièce en couleur.

124 **Costumes** parisiens, par Lanté. 28 pièces
coloriées.

125 **Costumes** militaires saxons (siècle dernier).
29 pièces in-4.

126 **Modes** du premier empire. 53 p. in-8.

———

127 **Spilsburg.** Pierres gravées antiques. 10 p.

128 **Sceaux.** Neuf feuilles, contenant 104 sceaux
anciens.

129 **Vues de Paris.** Louvre. — Pont-Royal. —
L'Archevêché. — Barrière Saint-Martin, par
Demartrais. 4 p. gd in-fol. en couleur, plus 8
autres vues. — Ensemble 12 p.

130 **Campion.** Vues de Paris. 21 p. ovales ou rondes, en couleur.

131 **Janinet**. Vues de Paris. 14 p. ovales ou rondes, en couleur.

132 **Gaitte.** Monuments de Paris. Environ 100 vues sur 22 pl. en feuilles, plus 14 vues sur 2 pl. *avant lettre* et non terminées.

133 **S. Leclerc.** Veues de plusieurs petits endrois des fauxbourgs de Paris. Paris, Jeaurat. 12 petites p. en largeur.

134 **Israël Sylvestre.** Veue du palais des Tuilleries du costé du jardin, 1668. — Id. du costé de l'entrée, 1669. — 2 pl.

135 **Jean Marot.** Hostel de Beauvais. — Pont dormant de la porte Saint-Anthoine. 2 p. — Ensemble 4 p. dont les deux premières gd. in-fol. en largeur.

136 — Profil de l'église du Temple. — Veue de l'église de S. André-des-Arts. — Veue de l'église des PP. de l'Oratoire. — Veue de l'église S. Roc. 4 p. in-f. en largeur.

137 **Vues** d'optique coloriées, châteaux de France. 22 p.

CARICATURES

138 **L'Espagnol,** le Contois. — L'Allemand, l'Espagnol. — Le Milanais, l'Espagnol. — Le Napolitain, l'Espagnol. — 4 p. pet. in-4 (XVIIe siècle).

139 **Les métiers** de Paris, par Bonnard, carica-

tures dont tous les personnages sont habillés avec les instruments de leur profession. 41 pl. in-folio à toutes marges, de la fin du xviie siècle.

140 **P. Van Somer** fec. et exc. à Paris. Têtes grotesques. 4 p. à la manière noire.

141 **Mécanique** à raser, mue par un cheval et un manége. La même machine peigne et frise les perruques. 1 p. in-fol. Pièce rare du xviiie siècle.

142 **Pasteurs** des xvie et xviiie siècles. — Guerriers, id. — Femmes, id. (vers 1780). — Pièces satyriques, très-probablement gr. par Dunker. 3 p. in-4.

143 **Départ** et Retour. — Le Colporteur genevois. — Le Perruquier patriote. — Le Débiteur à la mode. — Ma tante Urlurette, etc. (vers 1800). — 10 p. noires ou coloriées, divers formats.

144 **Le Magnétisme** animal (vers 1785). — Origine de la vaccine. — Comité de la vaccine. — La Vaccine morte. — Le Triomphe de la petite vérole (vers 1800). — 5 p. in-fol. coloriées.

145 **La Descente** de croix. — Gargantua. — Démission du duc de Cambridge. — L'Angleterre faisant les yeux doux à Malte. — La Grande-Bretagne à son petit couvert. — La Balance politique. — Les Artistes voyageurs. — La Manie des oiseaux, etc. — 14 p. divers formats.

146 **Mœurs** parisiennes. — Scènes populaires, etc. (vers 1830), par Pigal, Philippon. H. Monnier. 1 vol. petit in-fol. demi-rel. 40 pl. coloriées.

147 **Proverbes** comiques (vers 1830), par Pigal. 1 vol. petit in-fol. demi-rel. 30 pl. coloriées.

148 **La caricature** politique de Philippon (1832). 45 lithographies dont 4 de double grandeur.

149 **Métamorphoses** du jour et autres, par Grandville. 42 pl. dont 32 coloriées.

150 **Daumier.** Caricatures diverses. 26 lith. coloriées.

151 **Gavarni.** Les Lorettes et autres. 19 pl. dont 17 coloriées.

152 **Ch. Jacque.** Une Tragédienne jouant une scène de haute comédie. — Vanité des vanités. — Les Malades et leurs médecins. 7 lith. en couleur et 2 en noir. — Ensemble 9 pl.

153 **Mayeux,** portraits charges, panthéon charivarique, miroir drôlatique, par Benjamin, Traviès, etc. — 27 lithog. dont 11 coloriées.

GRAVURES ET LITHOGRAPHIES

Suites de vignettes

154 **Geoffroy.** Une Femme tenant un poignard à la main dans une grotte avec deux enfants.
Épreuve sur Chine avant toute lettre. Envoi signé Ch. Geoffroy, in-fol.

155 **Willmann.** Vues de monuments. 4 épreuves d'artiste dont une signée. — *Fromentel.* 2 paysages avant lettre. — Endymion, par *Six-deniers.*— Ensemble 9 pl.

156 — Villageois italiens sous une treille. In-fol. en largeur.

Troisième épreuve d'essai.

157 **Vignettes** anglaises. 70 pl.

158 **Vignettes** et gravures avant la lettre, épreuves d'artistes. 100 p. (*Ce numéro sera divisé*).

159 **L'Artiste.** Gravures sur acier tirées en rouge et en noir. 46 p.

160 — Eaux-fortes et lithographies. 25 p.

161 — Lithographies. 21 p.

162 **Vignettes** coloriées. Le Départ du conscrit.— Le Retour du grenadier, etc. —12 p.

163 **Lithographie** (Premiers essais de), d'après Drolling, Swebach, Senave, J. Vernet, Demarne, Teniers, Vouvermans, Karel-Dujardin et Taunay. Paris, Alph. Giroux, 12 p.

164 **Charlet.** Le Grenadier aveugle.— Ces gueux de maîtres. — Faites cirer vos bottes. — L'épicière a encore les yeux rouges. — Soyez plutôt maçon si c'est votre talent.—7 p. dont une très-grande.

165 **Charlet.** Album composé de 66 lithographies 62 par Charlet et 4 par Bellangé. 1 vol. gd in-4 demi-rel.

166 **Lasalle.** Chinoiseries. 8 feuilles lithographiées.

167 **Béranger** illustré. L'Habit de cour. — Bon vin et fillette.—Le Pèlerinage de Lisette.— Les Gueux.—Les Infidélités de Lisette.— L'Aveugle de Bagnolet.— Madame Grégoire.— La Chatte. — La Bacchante. — Le Grenier. — La Fille du peuple.— Le vieux Célibataire. — Frétillon. —

La bonne Fille.— 14 lithographies à deux teintes, par Numa. In-folio.

168 **Photographies.** Sujets religieux. 11 pièces.

---

169 **Chasselat.** Collection de vignettes pour les Mille et une Nuits, dessinées par Chasselat et gravées par Godefroy, Delvaux, Massard, Bacquoy, Rouargue, etc. 20 p. in-8.

170 **Devéria.** Collection de 25 portraits pour les lettres de Mad. de Sévigné, dessinés par Devéria et gravés par A. Johannot, Caron, Dien, Sixdeniers, etc. 25 p. in-8.

171 **Desenne.** 80 vignettes pour les œuvres de Voltaire, en 1 vol. in-8 basane.

172 — Portraits des personnages les plus célèbres, gravés sous la direction de A. Desenne, en 1 vol. gd in-8 demi-rel. *101 planches.*

173 **Gravelot.** Suite de gravures pour les œuvres de Corneille, dessinées par Gravelot, gr. par Le Mire, Prevost, Bacquoy, Longueil, etc. 34 p. in-4.

174 — 37 vignettes pour les œuvres de Voltaire, dessinées par Gravelot, gravées par Godefroy, Duclos, de Launay, Née, de Longueil, Leveau, Simonet, Masquelier, Ponce, etc. In-4. Belles épreuves.

175 **Moreau jeune.** Vignettes pour les œuvres de Rousseau. 29 p. in-4, gravées par Duclos, Le Mire, de Launay, Saint-Aubin, Simonet, Choffard, Martini, etc.

176 — Vignettes pour les œuvres de Voltaire. Paris, Saugrain, 107 pl. gd in-8, en feuilles.

177 **Pauquet.** Vignettes pour les œuvres du Tasse. 4 p. sur chine.

178 **Vignettes** pour les œuvres de lord Byron. 13 p. in-fol. tirées sur chine, avant lettre.

179 — Suite de vignettes pour les Vies des Saints Pères et Martyrs. Paris, Furne, 18 p. g. in-8 dans un carton.

180 — Suite de vignettes et titres pour les œuvres de Walter-Scott. Paris, Gosselin, 1830, 163 pièces in-8.

PORTRAITS

181 **Anonyme.** Personnage en costume ecclésiastique écrivant, très-beau portr. avant toute lettre. In-fol.

182 **Anonyme.** Coolhaas de Leyde, van Galen, Petrus Bertius, Damhoudere, Gommarius, etc. 8 p. avant toute lettre. In-8.

183 **Cathelin,** d'après *Jannet.* Henri IV. In-4, à toute marge.

184 **Chereau.** Louis de Boullongne, peintre ordinaire du Roy, peint par lui-même, gravé par *Chereau,* pour sa réception à l'Académie, en 1718. In-fol.

Belle épreuve à toute marge, avant les mots : *Chevalier de l'ordre de St-Michel.*

185 **Chereau,** 1715, d'après *Largillière*. Nicolavs de Largillière, in Regia pictvræ academia professor. Grand in-fol. Belle épreuve à toute marge.

186 **Van Dale,** d'après le *Titien*. P. Aretin. — Fra Bartholomeo. — Le Giorgione. 3 p. in-fol. en superbes épreuves.

187 **Drevet,** d'après *Rigaud*. Nicolavs Boileav Despreavx, P. Dreuet, 1706. In-fol. Belle épreuve à toute marge.

188 — Maria Serre, mater Hyacinthi Rigaud regi pictori. In-fol. dans une bordure ovale. Petites marges.

> 2e état avec l'adresse de Drevet, rue du Foin, devant les Mathurins.

189 **Edelinck,** d'après *Rigaud*. Martinus van den Baugart (gallis Desjardins). Grand in-fol. Émargé. Avec l'adresse de Drevet.

190 — Martinvs van den Baugart (gallis Desjardins), peint par Rigaud. Grand in-fol.

> *Copie très-bien exécutée, signée Sa....*

191 — d'après *Van Oost*. D. Remigius du Laury. In-fol. Petites marges.

192 — 1676, Philippus de Champaigne, Bruxellensis, pictor regius. Gd in-fol. Grandes marges.

193 **Edelinck,** d'après *Mignard*. Messire Edouard Colbert, chevalier, marquis de Villacerf. Gd in-fol. Belle épreuve à grandes marges.

194 — d'après *Largillière*. Portrait de C. Le Brun. Gd in-fol. Émargé, plié.

195 — d'après *Tortebat*. Joannes Carolus Parent,

Bruxellensis. In-fol. Très-belle épreuve, grandes marges.

196 **F. Ertinger** aqua fortit. Joanni Ferdinando de Benghem, nono Antverpiensium Episcopo. Grand in-fol. Belle épreuve à grandes marges.

197 **Goya,** d'après *Diego Velasquez*. Philippe III et Marguerite d'Autriche, sa femme, à cheval. 2 p. gd in-fol. Petites marges.

198 **Geoffroy,** pinx. et sculpsit. Napoléon III, empereur. — Eugénie de Gusman, impératrice des Français. — In-fol., 2 p. Très-belles épreuves sur chine.

199 **Ingouf,** 1776. Portrait de Gérard Dow, peint par lui-même. In-fol. Petites marges, belle épreuve.

200 **Kilian,** 1620. Deux portraits avant toute lettre. In-8.

201 **Marin,** d'après *Philippe de Champagne*. Jacqves Le Mercier, premier architecte des bastiments du roy et de la royne régente. In-fol. Émargé.

202 **Mechel et Hubner** (1790-95), d'après *Holbein*. — Joannes Holbein, pictor. — Uxor et liberi J. Holbenii. — J. Meierus. — Anna Scheckenpurlein. — Laïs Corinthiaca. — Venus et Amor.—D. Erasmus.—B. Amerbach. — J. Frobenius. — Thomas Morus.—10 p. in-fol. à toutes marges, superbes épreuves.

203 **Munnichuysen,** d'après *Blyhof*. Danielis Gravii ecclesiæ Medioburgensis pastoris. In-fol. Belle ép. avec marges.

204 **Nanteuil**. René de Longueil, avec la date de 1664. In-fol. Petites marges.

205 —Ludovicvs XIIII, Dei gra. Franciæ et Navarræ Rex Christianissimvs. Gd in-fol. Assez belles marges.

206 — 1668, d'après *Duchastel*. Joan. Bapt. van Steenberghen. In-fol. Très-belle épreuve, petites marges.

207 **Pinet** de Liège. Portrait d'homme dans un cadre de fleurs. In-fol. Epreuve avant lettre, à toutes marges.

208 **G.-F. Schmidt**, 1739, d'après *Rigaud*. Louis de la Tour d'Auvergne, comte d'Evreux. Gr. in-fol. Très-belle épreuve émargée.

209 **Tardieu**, d'après *Nattier*. Marie Leckzinska, princesse de Pologne, reine de France et de Navarre. In-folio. Petites marges.

210 **Vangelisti**, d'après *Gault de Saint-Germain*. Le maréchal de Richelieu. Gr. in-fol. Belle épreuve, assez belles marges.

211 **Vermeulen**, d'après *Largillière*. Joseph Roettiers, né à Anvers, graveur général des monnoyes de France. Gd in-fol. Belle épr., petites marges.

212 **G. Ville**. Albert-François Poisson, marquis de Marigny, peint par *Tocqué*, gravé par *Ville*, pour sa réception à l'Académie. In-fol. Petites marges, belle épr.

ORNEMENTS

213 **Cahiers d'arabesques** et de décorations propres aux artistes de ce genre, par Watteau, Berthelot, Lavallée-Poussin, Leclere, Voisin. A Paris chez Guyot, graveur. 1er, 2e, 3e, 4e, 5e, 6e, 7e, 9e, 11e cahiers de 4 pl. *Complets*, plus 10e cah. 2 pl. Ensemble 38 pl. in-fol. belles marges.

214 — Arabesques, même collection. 7e cah. 4 pl. — et autres pl. Ensemble 7 pl.

215 **Babel.** Fontaines décorées 4 p. — Différents compartiments d'ornements. 4 p. — Cartouches décorés 8 p. Ensemble 16 p.

216 **David Baumann,** gravé par *Léopold.* Joaillerie et bijouterie. 17 p.

217 **Bellay.** Différentes pensées d'ornements, arabesques à divers usages. Paris, Huquier. 5 p.

218 **Bérain.** Arabesques, ornements, cheminées, etc. 65 planches en 1 vol. très-gd. in-fol demi-rel. Belles épreuves.

219 — Ornemens inventez par J. Bérain, 1703. In-fol. oblong cartonné, 48 pl.

220 — Arabesques. 6 p.

221 **Bertrendt.** 3e cahier de médaillons. Paris, Chereau. 6 p.

222 **François Boucher.** 3e, 4e, 5e et 7e cahiers d'arabesques. (Cahiers complets). 24 p.

223 — Cahier A. Décorations de lambris (4 pl.)

Cahier L. Salles à manger et vestibules (4 pl.)
Cahier P. Cabinets avec armoires (4 pl.)
Cahier H. Bibliothèques 3 pl. (il en faudrait 4).
Ensemble 15 p.

224 **Boucher fils.** 15 cahiers de 6 planches. 6e cahier, écrans. — 7e, 8e, 9e cahiers, commodes. — 10e secrétaires. — 14e gaines. — 15e tables. — 16e demi-commodes et petites bibliothèques. — 17e petites chiffonnières et vide-poches. — 18e secrétaires. — 19e consoles. — 28e encoignures. — 40e plafonds d'appartements. — 52e feux. — 53e bras de cheminées. *(Tous les cahiers sont complets.)* — En tout 90 p. in-fol. à toutes marges.

225 — 27e, 31e cahiers, cheminées.—37e corniches. 39e piédestaux. — 42e consoles. — 43e clefs de voûtes sculptées. — 45e ornements pour moulures. — 48e portes d'Hôtel. — 50e pavillons. — 53e bras de cheminées. *10 cahiers complets.* — Ensemble 60 pl. in-fol.

226 — Lits à baldaquin, meubles, intérieurs, etc. 32 pl.

227 **Cartouches** ornementés, écussons de blasons, etc., gravés sur bois et sur cuivre, presque tous anciens. Environ 100 p.

228 **Chereau.** Confessionnaux. 5 p. — Portails. 3 p. — Chaire à prêcher. 1 p. — Élévations de tabernacles. 11 p. Ensemble 20 p. in-fol.

229 **Choffard**. 1er et 2e cahiers de cartouches. A Paris, aux Piliers-d'Or. 12 p. — Ecussons et cartels. 8 p. Ensemble 20 p.

230 **Choffard.** Livre d'écussons et cartels. 7 p.

231 **Cornille.** Confessionnaux, lutrin, banquettes de sanctuaire, bancs de chœur, stalles, alcôve, 19 pl. in-f.

232 **Cuvilliés.** Fontaines. Paris, Poilly. 4 pl.

233 **Decker.** Cheminées très-ornées, style Louis XV. 6 p. in-fol. montées.

234 **Delafosse.** Cahier S. Poëles, piédestaux. 4 p. — Cah. Y. Poëles, piédestaux. 4 p. — Cah. HH. Guéridons, gaînes. 4 p. — MM. Plafonds, cheminées. 6 p. Ensemble 18 p. in-fol.

235 — Trophées 2e liv. Attributs de guerre 3 pl. — 3e liv. Attributs militaires'. 5 pl. — 5e liv. Attributs de chasse et pêche. 3 p. — 6e liv. Attributs d'amour et de musique. 4 p. — Attributs pastorals. 3 pl. — Attributs d'Église. 4 pl. Ensemble 22 pl. in-fol.

236 — Meubles. 5 pl. — Plafonds et cheminées. 4 pl. Ensemble 9 pl. in-fol.

237 **Estienne Delaulne.** Arabesques. 10 p.

238 **Desbœufs** de St-Laurent. 3e cahier, dessus de grilles, chancelière, marquise, baronne, comtesse, petite royale, financière. 6 p.

239 **Divers.** Architecture, monuments. 50 p.

240 — Cheminées, vases, etc. 27 p. in-fol.

241 — Frises, montants, arabesques, par J. et P. du Cerceau et autres. Ensemble 14 p.

242 — Ornements. 47 p.

243 — Ornements. 32 p.

244 **Du Vivier**. Nouveau livre de cartouches pour
ornement des armes, à Paris, chez Poilly, 1712.
11 p. in-8 montées in-f.

245 **Doré**, gr. par Brard. Vases. 5 p. — Vases nouveaux composés par M. Jacque. Paris, Daumont, 4 p. — Vases antiques par Delafosse, gr.
par Baquoy, 6 p. — Petitot, Vases, 11 p. —
Ensemble 26 p.

246 **Fay**. 6ᵉ cahier d'Arabesques. Paris, Mondhare.
6 p.

247 **Feillet**. Buffets d'orgues et confessionnaux.
Paris, Chereau. 16 p. in-f.

248 **Forty**. Pendules en cartels. 5 pl. — Coffre
à racine, 1 p. — Feux de cheminées, 1 p. —
Ensemble 7 p.

249 **Genre rocaille**, par Rosch, Roscher, Ha-
bermann, Eichel, etc. Buffets d'orgues, confessionnaux, tabernacles. Augustæ Vindelicorum,
Hertel. 30 p. in-fol.

250 — Cartouches et trophées. 15 p. — Socles. 4 p.
— Trumeaux de glace, 4 p. — Ensemble 23 p.
in-fol.

251 — Horloges. 4 p. — Vases. 4 p. — Cartouches.
4 p. — Ensemble 12 p. in-fol.

252 — Les quatre saisons. — Les quatre heures
du jour. — Les quatre éléments. — Les quatre
âges. — 16 p. in-fol.

253 — Les Saisons. — Les Eléments. — Attributs divers. — Ensemble 25 p. in-fol.

254 — Grilles et Serrurerie. 7 p. in-fol.

255 **Germain.** Suite de Cartels et Trophées d'après La Fosse. Paris, veuve Chereau. In-fol. 4 p. à toutes marges.

256 **Grilles**, par Bobin, de Poilly et autres. 22 p.

257 **Guérard.** Cheminées avec panneaux. 6 p.

258 **La Joue.** Recueil nouveau de différents cartouches inventez par le Sieur de la Joue, peintre ordinaire du Roi. Paris, Huquier. 12 p. in-4° belles marges.

259 — Écrans. Paris, Huquier. 5 p. in-4°

260 **La Londe.** 9 cahiers de 6 pl. — Cahier C. meubles. — D. meubles. — E. Tables. — H. Girandoles. — L. Dessus de portes et cartels. —. M. cheminées avec leurs trumeaux. — Q. Baromètres, cartels de pendules et chenets. — Bordures et corniches, 2 cah. *Tous ces cahiers sont complets.*—Ensemble 54 p. in-fol.

261 — Meubles. Cahier B. 5 pl. — Cahier C. 6 pl. — Et 7 autres pl. Ensemble 18 pl.

262 **La Mésangère.** Meubles et objets de goût. Paris, an IX. 44 p. coloriées.

263 **Le Canu.** 4e cah. Suite de cheminées. 6 p. Autels. 2 p. Confessionnal. 1 p. Fontaine. 1 p. Ensemble: 10 pl.

264 **Lepautre.** Chaires de prédicateurs. Paris, Mariette, 1659. 5 p. in-4 montées in-fol.

265 — Trois cahiers de cheminées, avec l'adresse de Mariette et de Le Blond. 18 p. in-4. Belles marges.

266—Montans avec médaillons. Paris, Mariette. 6 p.

267 — Vases. Paris, Poilly. 6 p.

268— Grotesques et arabesques à la romaine. Paris, Mariette. 6 p. — Panaux d'ornement. 6 p. — Ensemble 12 p.

269 — Plafonds. Paris, Le Blond. 7 p. — Quarts de plafonds. 6 p. — Corniches 6 p. Ensemble 19 p.

270 — Frises. 12 p. émargées.

271 — Fonds baptismaux, flambeaux, etc. 10 p. in-fol.

272 — Fontaines-cuvettes. 6 p. émargées.

273 — Lits, portes, consoles, cabinets, etc. 38 p.

274— Feuilles diverses avec l'adresse de Mariette ou Le Blond. — Montans de trophées, plafonds, chapelles, cheminées, etc. 40 p.

275 **Loire.** Nouveaux dessins dont les pieds sont propres pour des croix, chandeliers, chenets et autres ouvrages d'orfévrerie, inventez et gravez par Loire. Paris, Langlois. 6 p. in-4.

276 **Mansard.** Nouvelles cheminées à la mode. Paris, Poilly et Langlois. 12 p. — Lambris des salons de Brumois. 2 p. — Ensemble 14 p. in-fol.

277 **Lambris,** Cheminées et décorations d'intérieurs par Roux, Chamblin, Mariette, de Lorme, P. Lepautre. 33 p.

278 **Médaillons** et cadres Louis XV. Paris, chez Crépi: 6 p. in-fol. (32 sujets).

279 **Meissonnier** inv., Huquier sculp. Trumeaux de glaces, salons, pendule, canapé, plafond, etc. 13 pl. gr. in-fol. avec marges.

280 **Moreau.** Premier cahier de balcons. Paris, chez Lepère et Avaulez. 6 p.

281. **Pineau.** Autels et baldaquins. Paris, Mariette. 6 p. in-fol.

282 — Nouveaux dessins de lits inventés par le sieur Pineau, dossiers, courtepointe, impériale, chantourne. Paris, Mariette. 6 p. in-fol.

283 **Pouget.** Orfévrerie et joaillerie. 65 p. in-4.

284 **Prieur.** 12e cahier. Appartements et arabesques. 6 p.

285 **Puisieux.** Portes cochères, cheminées, autels. 12 p. in-fol.

286 **Radl** et autres. Portails, temples et fontaines. 36 p.

287 **Ranson.** 3e et 5e cahiers de fleurs. 12 p

288 — Fleurs et arabesques. 11 p. — Médaillons. 3 p. — Ensemble 14 p.

289 — 2e cahier. Lits à baldaquins. 12 p.

290 **Raphaël.** Loges du Vatican, arabesques. Paris, Chereau, 1787. 8 p. gr. in-fol.

291 **Sadeler**, d'après *P. de Caravagio*. Huit vases gravés par Marco Sadeler. Rome, 1605, in-4. 8 p.

292 **Tibesar.** 1er cahier d'arabesques. Paris, Mondhare. 6 p. in-fol.

293 **Toro.** Vases, trophées, cartouches. 7 p.

294 **Vico** (Énée). Armures et boucliers, avec l'a-
dresse d'Ant. Lafreri, 1551. 4 p. — Lam-
padaires. 2 p. — Ensemble 6 p. in-4.

295 — Vases. Romæ, 1543. 6 p. in-4.

296 **Vinsac.** Inv. et sculp. A Paris, chez Basan.
— 2ᵉ cahier, réchauds. — 5ᵉ seaux à rafraîchir.
—8ᵉ huiliers. —9ᵉ saucières (Ces 4 cahiers sont
complets). 16 p. ; plus 2 pl. briques et écuelles.
1 p. girandoles. Ensemble 19 pl. in-fol.
à toutes marges.

297 **Voisin** inv. Fay sculpt. Nouveau cahier
de flambeaux. 6 p. in-fol.

298 **Jean Vredeman** de Vriese. Différents pour-
traicts de menuiserie, portaux, bancs, escabelles,
tables, buffets, frises ou corniches, licts de
camp, ornements à pendre l'essuoir a mains,
fontaines à se laver les mains. Propres aux
menuiziers et autres amateurs de telle science,
de l'invention de J. Vredeman dict de Vriese, mis
en lumière par Philippe Galle. 14 p. in-folio.
C'est la première édition, fort rare.

299 — Panoplia seu armementarium ac ornamenta
cum artium ac opificorum. Antverpiæ, apud
Th. Gallæum. 17 pl. in-4.

300 — Palais très-ornementés. 10 p.

301 **Paul Vredeman** de Vriese. Plusieurs me-
nuiscries comme porteaux, garde-robes, buffets,
chalicts, tables, arches. Amsterdam, Visscher,
1630. 21 pl. en un vol. in-folio vélin.

302 **Watteau** (genre), gr. par Nilson. 8 p. in-4.

DESSINS

303 DESSINS ANCIENS crayon noir, mine de
plomb, sanguine, sépia. 27 p.

304 — Dessins anciens, à la plume, à l'encre de
chine, à la sanguine, sépia, aux deux crayons.
17 p.

305 — Dessins anciens dont plusieurs peuvent être
attribués à Callot. Ils ont été découpés et collés
sur cinq feuilles. 15 p.

306 — Dessins anciens dont un sur vélin. 4 p.

307 — Dessins à la mine de plomb, à l'aquarelle et
à la gouache. 17 p.

308 — Dessins. Paysages à la plume, à la mine de
plomb, etc. 31 p.

309 — La Justice tenant une épée de la main droite
et la balance de la gauche, entourée de personnages allégoriques. — Autre dessin faisant pendant. Ensemble deux dessins au crayon noir
de 34 cent. sur 26, pour dessus de portes. Ils
sont tachés d'huile.

Une note au crayon indique ces deux dessins
comme étant de Boucher.

310 — Etudes d'Académie disposées pour la gravure,
exécutées à la plume ou au crayon. 37 p.
in-fol.

311 ALBUM de 10 anciens dessins chinois peints à
la gouache sur papier de Chine, renfermés
dans un vol. in-fol. demi-rel. maroquin vert.

Ces dessins représentent divers bâtiments de la marine chinoise.

312 ALBUM de 12 peintures chinoises sur papier de riz, en 1 vol. in-4 oblong, reliure chinoise en brocard rouge.

Marchands ambulants, boucher, boulanger, pêcheurs, musiciens, etc. Très-belle exécution.

313 ALBUM chinois composé de 48 tableaux *peints sur soie,* disposés en paravent. Ces peintures fort bien exécutées représentent des scènes de la vie en Chine, divers métiers, des marchands ambulants, etc. 1 vol. in-folio.

Très-curieux album in-folio, dans sa reliure chinoise.

314 AQUARELLES. Vitraux de la cathédrale de Tournay, peints à l'aquarelle. 15 p. sur 12 feuilles in-fol.

315 AQUARELLES. Comtes et comtesses de Flandre, 42 aquarelles représentant 52 personnages avec leurs blasons. 42 p. in-fol.

316 GOUACHES. *La Danse des chiens.* Dans un jardin, une société composée de plusieurs dames, d'un abbé galant tenant un éventail et autres personnages regardent deux chiens vêtus en marquis et marquise qui dansent au son du tambourin, deux chiens sont à cheval l'un sur l'autre. — *La Querelle.* Deux soldats du guet ont l'épée à la main, l'un d'eux soutient de son bras gauche une femme évanouie, quelques personnes interviennent ou regardent. La scène

se passe dans une guinguette. 2 gouaches de 31
cent. de haut. sur 23 de large. Anciennes et
jolies pièces.

317 V. S. PALIOTTI. Vues des environs de Naples,
peintes à la gouache, ovale de 27 cent. de large
sur 21 de haut. 2 p.

318 MINIATURE peinte sur vélin, portrait d'une
religieuse. 1 p.

319 DAVID. CHEFS-D'ŒUVRE D'ITALIE, DES-
SINÉS PAR L. DAVID, 1 vol. in-folio relié en
maroquin rouge, riches dorures, dans un étui.
Près de 600 dessins ou calques avec l'indication
des sujets **de la main de David.**

320 EISEN. Dessin à la mine de plomb sur vélin.—
Une jeune femme évanouie est soutenue par
une femme plus âgée, pendant qu'un jeune
homme cherche à la secourir, paysage dans le
fond.

321 FISCHER. Portraits à la mine de plomb. Ro-
dolphus imp., 1576, sur une colonne brisée. —
Maxilianvs, 1489, sur une pyramide tronquée.
— 2 pièces in-8.

322 LAUTHERBOURG. Guerriers suisses du moyen
âge, dessins lavés à la sépia. 7 pièces pet. in-fol.

323 JULES PEYRE, DESSINATEUR A LA MANU-
FACTURE DE SÈVRES, ENVIRON 325 DES-
SINS de vases divers pouvant s'appliquer à la
céramique ou à l'orfévrerie.

Une note de la main de M. Jules Peyre est jointe à
cette collection. Elle est ainsi conçue: « 40 feuilles

contenant 300 dessins, compositions originales, pro-
priété de l'auteur au prix de 30 fr. par dessin, font
9,000 fr. »

Il y a en outre une cinquantaine de calques d'après
Du Cerceau.

324 **JULES PEYRE.** Portrait de l'impératrice Eugénie en médaillon. *Joli dessin au crayon signé et
daté de 1853.*

325 **J. ROOS, 1671.** — Paysage, ruines, animaux
venant s'abreuver à une fontaine. *Beau dessin
à l'encre de Chine, rehaussé de blanc, signé et
daté. In-4.*

LIVRES D'ARCHITECTURE

ET OUVRAGES A FIGURES

326 **Album** composé de 50 planches, vases, ornements, etc., 1 vol. in-4 oblong. demi-rel.

327 **Amenitates** hydragogicæ (sive theatrum
machinorum). Norimbergae, Fursten (1660), 1
vol. in-fol. vélin.

328 **Animalivm,** qvadrvpedivm venatvs in vsvm
pictorvm avri fabrorvmq. editae, Ed. ab Hoos-
winkel exc. 21 planches d'animaux.

329 **Architectura** curiosa nova. Nurnberg, Furs-
tens, 1664, 4 parties en 1 vol. in-folio parchemin.
*Grande quantité de planches représentant des
jets d'eau, cascades, bassins, fontaines, etc.*

330 **Architectvra** civilis (deux livres). Nurnberg, 1722, 1 vol. in-folio oblong. *48 pl. gravées en taille-douce.*

331 **Architecture** toscane ou palais, maisons et autres édifices de la Toscane, mesurés et dessinés par Grandjean de Montigny et Famin. Paris, 1838, 1 vol. in-fol. demi-rel. *109 planches.*

332 **L'art industriel**, par Léon Feuchère. Paris, Goupil, S. D., 1 vol. in-fol. br., 1re partie, contenant *72 pl. gr. par Varin.* Publié au prix de 108 fr.

333 **J. Barozzio.** Regola delli cinque ordini d'architectura di Jac. Barozzio da Vignola. Siena, Marchetti, sans date, 1 vol. in-fol. *45 planches en taille-douce.*

334 — Gli ordini d'architectura civile di Jac. Barozzi da Vignola. Milano, Vallardi, 1814, 1 vol. gd in-4. *45 planches en taille-douce.*

335 —Nouveau livre des cinq ordres d'architecture, par J. Barozzio Vignole, enrichi de différents cartels et morceaux d'architecture, portails, fontaines, etc. Paris, Daumont, 1 vol. in-folio. *45 planches.*

336 **Blondel.** Cours d'architecture, ou traité de la décoration, distribution et construction des bâtiments. Paris, 1771-77, 6 vol. de texte et *3 vol. de planches.*—Ensemble 9 vol. in-8 demi-rel.

337 **The Book** of royalty. London, Ackermann, 1831, 1 vol. gd in-4, maroq. rouge, dorures sur les plats, d. s. t. *13 pl. coloriées.*

338 **Caricatures.** Het groote tafereel der dwaas-

heid, etc. 1720, 1 vol. in-folio demi-rel. non
rogné. *76 caricatures sur Law et son système, la
plupart double in-folio. Il est rare de rencontrer
un exemplaire de ce livre renfermant autant de
planches.*

339 **Courses de testes** et de bague faites par le
roy, et par les princes et seigneurs de sa cour
en l'année 1662. Paris, imp. Royale, 1670, 1 vol.
très-grand in-folio, demi-rel. *96 planches gravées
par Israël Sylvestre, Chauveau, etc., texte par
Perrault.*

340 **Jean Cousin.** L'art du dessin démontré d'une
manière claire et précise. 1 vol. in-fol. cartonné.
24 planches.

341 **Cronica** breve de i fatti illustri de Re di
Francia. Venetia, Giunti, 1588. 1 vol. in-fol.
velin. *62 très-beaux portraits gravés sur cuivre.*

342 **Daviler.** Cours d'architecture. Paris, Mariette,
1750, 1 vol. in-4 veau. *Quantité de planches de
décoration intérieure.*

343 **P. Decker.** Plafonds, salons, pyramides, etc.
21 planches. —Plafonds d'après Le Brun. 6 pl.
en 1 vol. gd in-fol. demi-rel.

344 **La décoration** au XIXᵉ siècle; décor intérieur
des habitations, publié sous la direction de D.
Guilmard. 36 planches in-folio dans un carton.

345 **Décorations** intérieures et meubles des épo-
ques de Louis XIII et Louis XIV, reproduits par
Adams. *68 planches in-fol.*

346 **Delafosse.** Nouvelle iconologie historique, ou
attributs hiéroglyphiques. Amsterdam, 1760. Les

planches portent ce titre : Recueil des fontaines,
frontispices, pyramides, cartouches, dessus de
portes, bordures et médaillons, etc. 1 vol. in-
folio demi-rel. *107 planches.*

347 **St. Della Bella.** Recueil de divers griffonne-
mens, têtes, animaux, frises, marines, paysages
et autres sujets de caprice inventés et gravés par
St. Della Bella, graveur florentin. Se vend à
Paris, chez Basan, 1 vol. in-4 oblong demi-rel. *92
planches.*

348 **Androuet du Cerceau.** Leçons de perspective positive. Paris, Mamert Patisson, 1576,
1 vol. petit in-fol. *Titre, 10 fts de texte et 60
planches* (Les derniers fts tachés).

349 — Livre d'architectvre de Jaqves Androvet dv
Cerceav, avqvel sont contenves diuerses ordonnances de plants et élévations de bastiments
pour seigneurs. Paris, 1582, in-folio demi-rel.
50 planches.

350 — Jac. Androuet du Cerceau, vetustissimæ op-
tices quam perspectivam nominant, xx figuræ
expressæ. *20 planches en rond, émargées.*

351 **Dupuis.** Nouveau traité des cinq ordres d'architecture... enrichis de plusieurs pièces nouvelles et de principes de menuiserie, serrurerie
et ornement. Paris, Mond'hare, 1766, 1 vol.
in-folio. *44 planches.*

352 **Eaux-fortes.** Zinspelende gedigjes, op de
geestige printjes ge-etst door Pieter de Mare,
etc. Leyden, 1779, 1 vol. in-4 demi-rel. *Curieux
volume enrichi de 57 eaux-fortes de Pieter de*

*Mare et Christina Chalon, ayant principalement
pour sujet des scènes populaires flamandes.*

353 **Emblèmes.** Imprese nobili et ingeniose di
diversi prencipi et d'altri personaggi illustri
nell'arme et nelle lettere, con le dichiarationc
diuersi di M. Lodovico Dolce et d'altri. Venetia,
presso Girolamo Porro, 1578, 1 vol. petit in-fol.
relié. *70 pl. d'emblêmes dans des cartouches ornementés, au monogramme B. P. V. Très-belles
épreuves. Volume rare.*

354 **L'Entrée** de leurs maiestez Louis XIV, roy de
France et Marie-Thérèse d'Autriche son épouse
dans la ville de Paris. Paris, de l'imp. de
Le Cointe, 1662, 1 vol. gd. in-fol. velin, 19 *pl.
gr. par J. Marot, Le Pautre, Flaman, Chauveau; la planche de la marche du cortége
a deux mètres de longueur.*

355 **Esequie** d'Arrigo IV, cristianissimo Re di
Francia e di Navarra, celebrate in Firenze. Firenze, B. Sermatelli, 1610, 1 vol. in-4. 26
planches en taille-douce au monogramme AR.

356 **Exercitatio** alphabetica nova... rariis orna-
mentis vmbris et reaessibvs pictvræ, archi-
tectvræ, etc., editæ Cl. Perretis, Bruxellani. 1569,
1 vol. in-4 oblong, vélin. *34 planches d'écri-
tures entourées de très-riches arabesques.*

357 **Les Figures** et l'abbrégé de la vie, de la mort
et des miracles de S. François de Paule, par
Dondé. Paris, Muguet, 1671. — Les portraits de
quelques personnes signalées en piété de l'ordre
des Minimes. 1668, 2 ouvr. en 1 vol. in-fol.
maroq. rouge, compart. d. s. t. *(Rel. anc.)*

Le premier ouvrage contient 1 titre gravé et 24 planches (84 sujets).

Le deuxième ouvr. renferme 19 pl. dont 15 portraits. 2 portraits différents de S. François de Paule gr. par Michel Lasne.

358 **Flaxman.** Compositions from the tragedies of Aeschylus, designed by John Flaxman, engraved by Th. Piroli. In-4 oblong. *30 planches au trait.*

359 **Francart.** Le premier livre d'architecture de Jaques Francart contenant diverses inventions de portes, serviables à tous ceux qui veulent bastir. Bruxelles, 1617, 1 vol. in-fol. demi-rel. vélin. *Titre et 21 planches.*

360 **Francine.** Livre d'architectvre contenant plusieurs portiqves de différentes inventions, etc. Paris, 1640, 1 vol. in-folio. *39 planches.*

361 **Galleria Storica** dell'Italia contenente i fatti piu notabili avvenuti nel corso di X secoli. Firenze, Passigli, 1846, 2 vol. gd in-4 demi-rel. *Texte encadré d'ornements en couleur et 100 planches coloriées au pinceau.*

362 **Salomon Gessner.** Œuvres. Paris, 1785-93, 3 vol. in-4 demi-rel. maroq. bleu. 3 *titres,* 3 *frontispices,* 4 *têtes de pages,* 66 *culs-de-lampe* et 71 *planches hors texte dess. par Lebarbier, très-belles épreuves.*

363 **Golden Verses** with illuminations from ancient missals. London, J. Camden Hotten, sans date, 1 vol. petit in-4 en feuilles, dans un carton. *Texte imprimé en or et 50 planches en couleurs, reproduction d'anciennes miniatures des* XIVe *et* XVe *siècles.*

364 **Ichnographie** de la fontaine monumentale
érigée par la ville de Chambéry à la mémoire du
g¹. de Boigne, sculptée par Sappey, de Grenoble.
Grenoble, 1838, in-fol. 11 *planches lithographiées*

365 **Jeaurat**. Traité de perspective. Paris, Jombert, 1750, 1 vol. in-4 veau. *Le titre défectueux,
jolies figures.*

366 **Owen Jones**. Grammaire de l'ornement,
illustrée d'exemples pris de divers styles d'ornement. London, Day and son, 1865, 1 vol.
in-fol. rel. en toile anglaise, d. s. t. doré sur les
plats. *100 planches en chromo-lithographie.*

367 **Pauli Jovii** elogia virorum bellica virtute
illustrium. Basilæ, Petri Pernæ, 1575, 1 in-
fol. maroquin olive, riches dorures sur les plats,
d. s. t. (Reliure du xvɪᵉ siècle).

Ouvrage orné de 129 portraits gr. sur bois dans des
bordures richement ornementées. Exemplaire aux
armes du pape Grégoire xɪɪɪ, le réformateur du calendrier.

368 **Lepautre**. Œuvres d'architecture d'Ant. Lepautre. Paris, Jombert, 1 vol. in-fol. cart. *Contenant 60 planches.*

369 **Maggi**. Fontane diverse che si vedano nel
alma citta di Roma et altre parte d'Italia, deli-
neate da Giov. Maggi. Roma, 1645, 1 vol. in-4
vélin. *53 planches.*

370 **Les Métamorphoses** d'Ovide (en hollan-
dais). Amsterdam, Changuion, 1779, 2 vol. in-4
demi-veau. *Figures, quelques feuillets légère-
ment mouillés.*

Cette édition contient les 140 planches dessinées

par Boucher, Eisen, Gravelot, etc., et gravées sous la direction de Le Mire et Basan.

371 **Meubles religieux** et civils conservés dans les principaux monuments et musées de l'Europe, etc. Dessins par Asselineau, texte par D. Ramée. Paris, Lévy, 1864, 2 vol. in-folio demi-rel. maroquin rouge, tête dorée, non rognés. *150 planches.*

372 **Le Moniteur** des Architectes, années 1847-1857-1858-1860. 4 vol. in-fol. cart. *Planches.*

373 **Le Musée universel,** par Édouard Lièvre, avec le concours des artistes les plus distingués. Paris, Goupil, 1868-69, 2 vol. petit in-fol. *50 planches, eaux-fortes et lithographies.*

374 **Neue Garten** lust oder volliges ornament. Augustæ Vindelicorum, Pfeffel, 1700, 1 vol. in-fol. oblong. *65 planches de parterres, grilles, fontaines et treillages.*

375 **Neufforge.** Recueil élémentaire d'architecture. Paris (1757-1776), 9 vol. in-fol. reliés en 5. C'est un cours complet de construction et ornementation des bâtiments. *672 planches.*

376 **Neufforge.** Recueil élémentaire d'architecture qui présente des cheminées, plafonds, bordures, commodes, tables, poëles, balustres, guéridons, piedouches, etc. Paris (1757-1776), 2 vol. in-fol. *485 planches.*

377 **Obsèques** de Guillaume, prince d'Orange et de Nassau, faites en février 1752. La Haye, 1755, 1 vol. gr. in-fol. demi-rel. vélin. *40 magnifiques planches gravées par Punt.*

378 **Œuvre** du chevalier Hedlinger, ou recueil des médailles gravées par ce célèbre artiste, gravées en taille-douce. Basle, Chr. de Méchel, 1776, 1 vol. in-fol. cart. non rog. *40 planches.*

379 **Joannes Orlandus.** Façades des plus belles églises de Rome. Joannes Orlandus formis (vers 1600), in-fol. cart. *12 planches.*

380 **Palais du Louvre** et des Tuileries, motifs de décorations tirés des constructions exécutées au nouveau Louvre et au palais des Tuileries sous la direction de M. Lefuel. *Titre et 32 planches in-fol.*

381 **Palladio** (André). Les qvatre livres d'architectvre mis en françois. Paris, E. Martin, 1650, 1 vol. in-folio. *Nombreuses planches gravées sur bois.*

382 **Percier et Fontaine.** Recueil de décorations intérieures, comprenant tout ce qui a rapport à l'ameublement. Paris, 1827, 1 vol. in-fol., cartonné. *72 planches.*

383 **Picturæ antiquæ.** Cryptarvm romanvm et sepulchri Nason.. delineavit P. Bartolo, descriptæ Bellorio. Romæ, 1738, 1 vol. in-fol. maroquin rouge, filets, d. s. t. *(Reliure ancienne). Planches gravées.*

384 **Plan de Paris,** commencé l'année 1734 et gravé sous les ordres de Messire Turgot (levé et dessiné par Bretez), achevé de graver en 1739. 21 feuilles in-plano en 1 vol. in-folio, maroquin rouge, dentelle, aux armes de la ville de Paris.

385 **Radi.** Diverses inventions de tombes, épita-

phes, scvpltvres et ornements des avtels. Paris,
Van Lochon, 1631, 1 vol. in-fol. demi-rel. parchemin, 36 planches. Belles épreuves.

386 **Recueil** des fondations et établissements faits
par le roi de Pologne, et les bâtimens que S. M.
a fait élever dans la ville de Nancy, pour son em-
bellissement. Lunéville, Messuy, 1762, 1 vol.
in-fol. cart. non rog.
Avec les grandes planches des grilles de Lamour.

387 **Recueil** d'ornements et de décoration. Petit
in-fol. demi-rel. *72 planches lithographiées,
quelques-unes en couleur.*

388 **Roland furieux,** poëme héroïque de l'A-
rioste, traduction nouvelle par d'Ussieux. Paris,
Brunet, 1776, 2 vol. in-4 veau racine, dentelle,
d, s. t. *Portrait et 92 planches en taille-douce
par Cipriani, Cochin, Eisen, Moreau, etc.*

389 **La Sainte Bible,** contenant le vieil et le nouveau Testament, enrichie de plusieurs belles figures. Paris, Jollain (vers 1650), 1 vol. in-8 oblong,
rel. en parchemin. *298 planches sur cuivre.*

390 **Sandrart.** Scvlptvræ veteris admiranda sive
delineatio vera, etc. Norimbergæ, 1680, 1 vol.
in-fol. *53 planches.*

391 **Serradifalco.** Del Duomo di Monreale e di
altre chiese Siculo-Normanne di Silicia.
Palermo, 1838, 1 vol. in-fol. cart. *28 pl. sur
acier.*

392 **Seulen Buch** oder Grundliche Bericht von
den funff Seulen, denen beygefugt funff Termes,
wie solche von Vitruvio, Barrozzio, etc. Nurn-

berg, sans date, 1 vol. in-fol., dos et coins
veau, non rogné. *Traité d'architecture composé
de deux titres gravés et de 54 planches en taille-
douce par W. Pfann. Dans les dernières, on
trouve des meubles et objets divers richement
ornementés.*

393 **Sganzin et Reibel**. Programme ou résumé des
leçons d'un cours de construction, etc. Paris,
1839-1844, 3 vol. in-4, demi-veau vert et atlas in-
fol. de 180 pl.

394 **Tableaux historiques** (Collection complète
des) de la Révolution française. Paris, Auber, an
XIII, 3 vol. gd in-fol. veau écaille, dent. d. s. t.
*3 frontispices, 153 planches et 66 portraits gra-
vés en taille-douce, très-belles épreuves.*

395 **Tableaux** hist. de la Révolution française,
gravés par Berthault. 55 pl. in-fol.

396 **Tableaux historiques** des campagnes d'Italie, suivis des détails sur les cérémonies du sacre,
etc. Paris, Auber, 1806, 1 vol. gd in-fol. *25 planches d'après Carle Vernet.*

397 **Triumphus** novem sæculorum imperii ro-
mani germanici. Vienna, 1700, in-fol. br. rogné.
10 très-belles planches.

398 **Venationes** ferarvm, avivm, piscivm, pugnæ
bestiarvm et mvtvæ bestiarvm, depictæ a Jo. Stra-
dano. Antverpiæ, P. Gallæo (vers 1580), 1 vol.
in-fol. oblong. *101 planches gravées par Collaert,
Ph. Galle, Mallery, etc.*, il en manque quatre.

399 **Verdier.** Histoire de Samson en 40 planches,

inventée par Verdier, peintre. Paris, Chereau,
1 vol. in-4 oblong, le titre manque. *39 pl.*

400 **Viator.** De artificiali perspectiva. Impressvm
Tvlli anno 1509. 1 vol. in-fol. demi-rel. chag.
rouge.

Reproduction par le procédé Pilinski du plus ancien
traité de perspective. Les figures représentent d'anciens
monuments français qui n'existent plus pour la plupart.

401 **La vie** des plus fameux peintres, par Dargen-
ville. Paris, de Bure, 1762, 4 vol. in-8 veau,
grande quantité de portraits gr. en taille douce.

402 **Nouveau voyage** pittoresque de la France.
Paris, Ostervald, 1817, 3 vol. in-4, dos et coins
maroq. vert, non rognés.

Exempl. en grand papier vélin, publié en 60 livr. à
6 francs. Cet ouvrage renferme 360 planches en taille-
douce représentant les vues des principales villes, ports
de mer, monuments et sites remarquables de la France.

403 **Vredemanni Vriesio.** Variæ architecturæ
formæ. Antverpiæ, ex Th. Gallæus, 1601, 1 vol.
in-4 oblong cart. *Titre et 48 planches remontées.*

404 **Jean Vredman.** Les cinq rangs de l'architecture, a sçavoir : toscane, doriqve, ioniqve,
corinthiaqve et composée avec l'instrvction fon-
damentale, faicte par Henry Hondivs, avec encore quelques belles ordonnances d'architecture, mises en perspectives par Iean Vredeman,
Frison et son fils. Amsterdam, l'an 1617, 1 vol.
in-4 oblong. *30 planches, les deux dernières re-
margées.*

405 **Jean Vredman.** La perspective de Jean Vred-

man Frison, augmentée par Samuel Marolois. Amsterdam, 1651, *51 planches*. — La seconde partie, 1646, *24 planches*. — La perspective de Marolois, Amst. 1662, *80 planches* — Ensemble 3 parties en 1 vol. in-fol. veau, 155 planches.

Chartres. — Imp. DURAND frères, rue de l'Hospice

www.ingramcontent.com/pod-product-compliance
Ingram Content Group UK Ltd.
Pitfield, Milton Keynes, MK11 3LW, UK
UKHW031757170726
13836UKWH00003B/1021